So wird es gemacht:

Öffne das miniLÜK®–Kontrollgerät und lege die Plättchen in den unbedruckten Deckel. Jetzt kannst du auf den Plättchen und auf dem Geräteboden die Zahlen 1 bis 12 sehen.

Öffne es von der Rückseite. Wenn du das oben auf der Seite abgebildete Lösungsmuster siehst, hast du alle Aufgaben richtig gelöst.

Beispiel: Seite 2 Bilderrätsel

Nimm Plättchen 1 und sieh dir Aufgabe 1 an: Hier kombinierst du das T-Shirt mit dem Auto. Lege also Plättchen 1 auf das Feld 9 im Geräteboden. Die Ziffer 1 muss dabei nach oben zeigen. So arbeitest du weiter, bis alle Plättchen im Geräteboden liegen. Schließe dann das Gerät und drehe es um.

Passen einige Plättchen nicht in das Muster, dann hast du dort Fehler gemacht. Drehe diese Plättchen da, wo sie liegen, um, schließe das Gerät, drehe es um und öffne es wieder.

Jetzt kannst du sehen, welche Aufgaben du falsch gelöst hast. Nimm diese Plättchen heraus und suche die richtigen Ergebnisse. Kontrolliere dann noch einmal. Stimmt jetzt das Muster?

Das System ist für alle Übungen gleich: Die roten Aufgabennummern im Heft entsprechen immer den miniLÜK–Plättchen aus dem Kontrollgerät. Die Zahlen hinter den Lösungen sagen dir, auf welche Felder des Kontrollgerätes du die Plättchen legen musst.

Willkommen

und viel Spaß!

Bilderrätsel

Buchstabenkombis

	H	A	U	S
O	1	2	3	4
M	5	6	7	8
A	9	10	11	12

AA 9	MS 7	OA 1	AH 11
OS 4	AU 5	MA 8	OU 6
MU 10	OH 3	AS 2	MH 12

Autos finden

	9	12	8	3
	5	10	1	2
	6	7	11	4

Sonne, Mond und Sterne

2	4	5	8
10	1	12	3
6	7	9	11

Tiere zählen

6

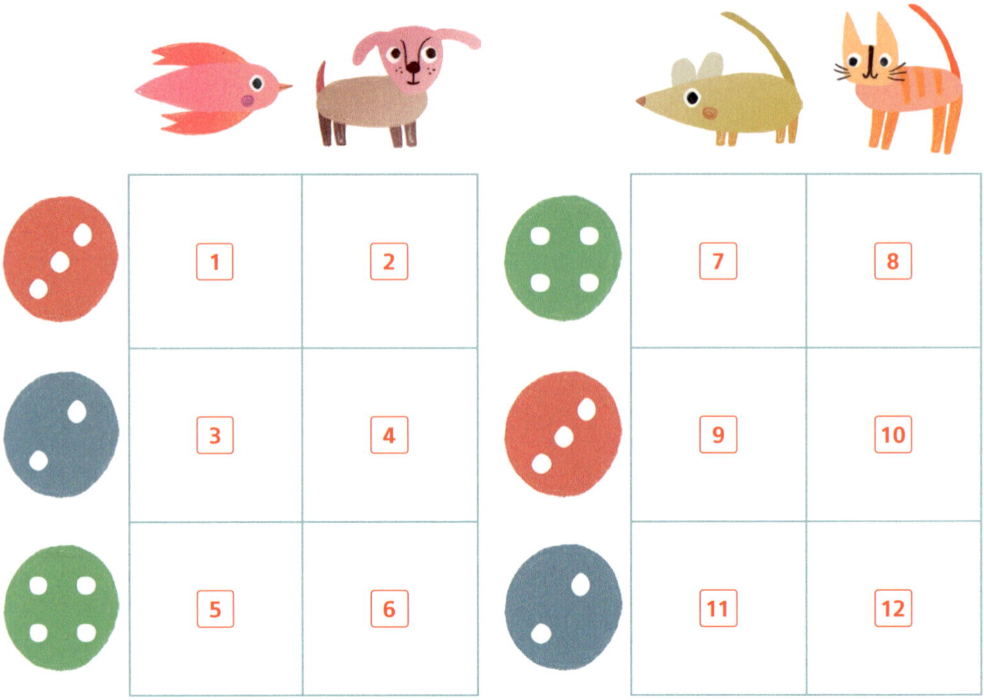

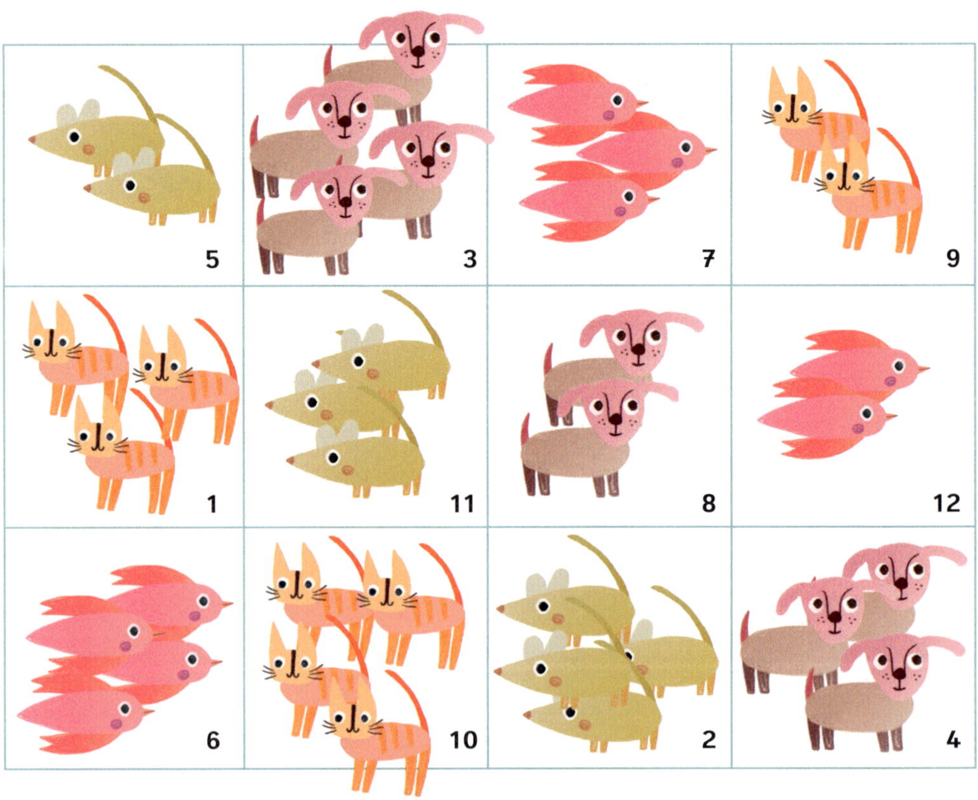

Püppchen zählen

5	1	2
3	3	4
4	5	6

4	7	8
5	9	10
3	11	12

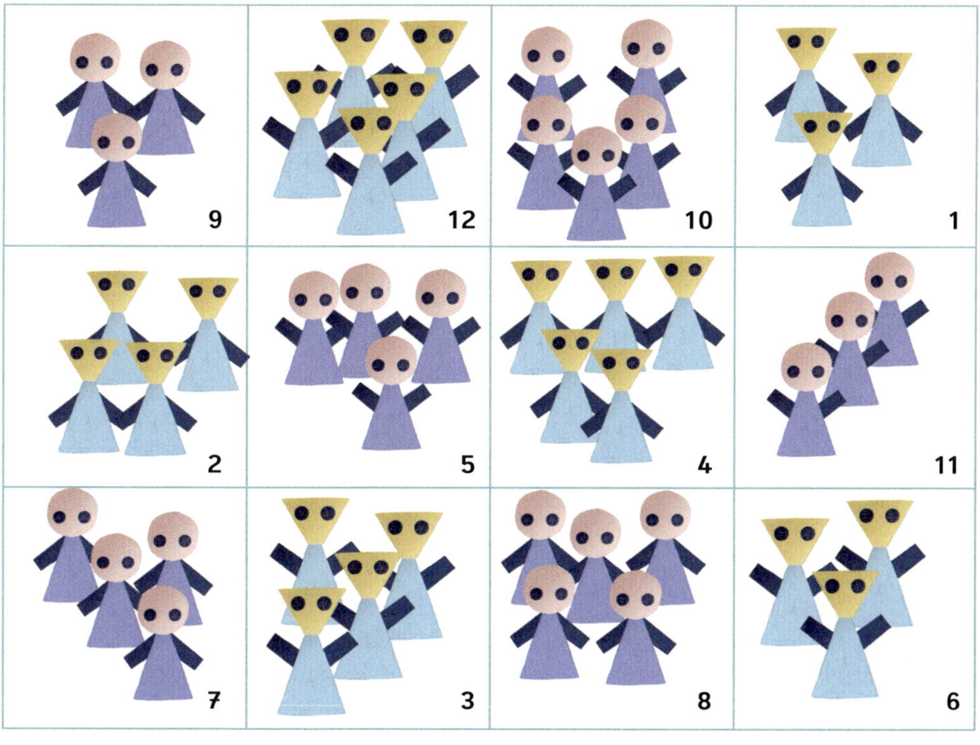

Bunte Fahrräder

	4	5		6	10
	2	9		11	8
	1	7		3	12

Zusammengesetzte Muster

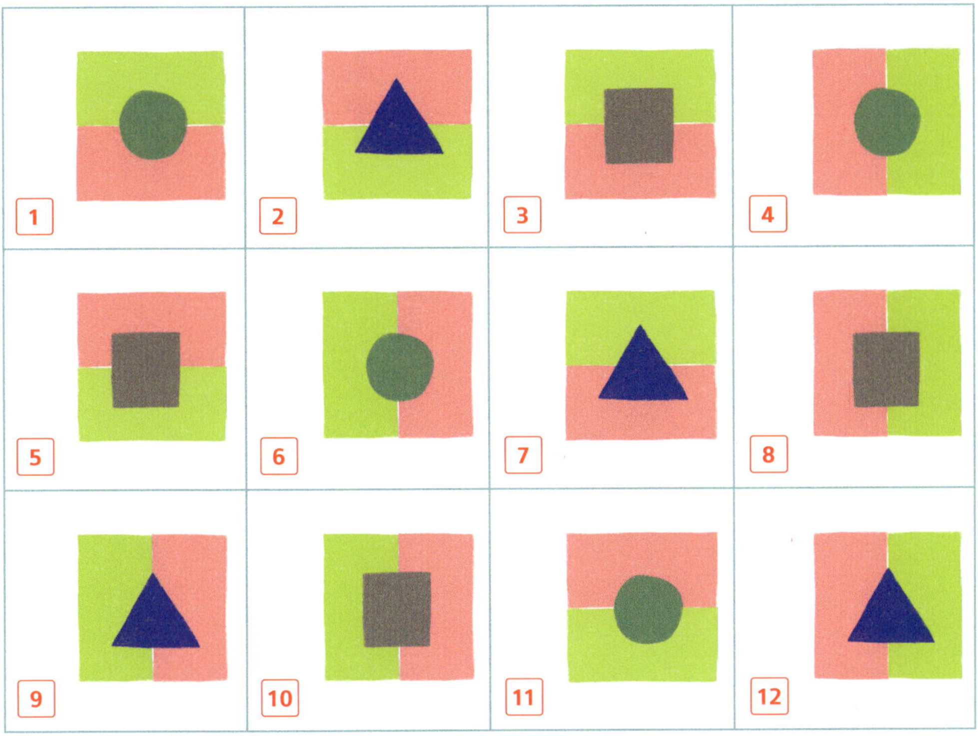

2	5
1	3
4	8

10	6
9	7
12	11

Gedrehte Bilder

1	2	3	4	5	6
7	8	9	10	11	12

 8	 5	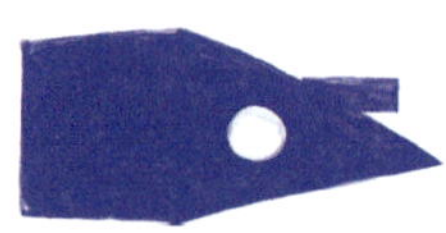 10	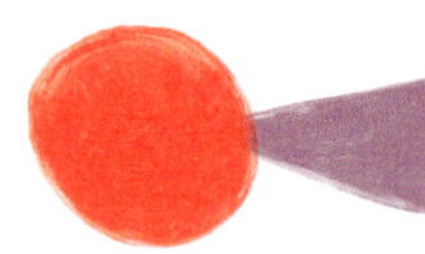 3
 12	 1	 7	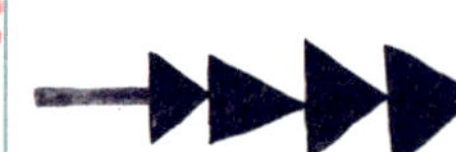 11
 4	 9	 6	 2

Gedrehte Pfeile

1	2	3	4	5	6
7	8	9	10	11	12

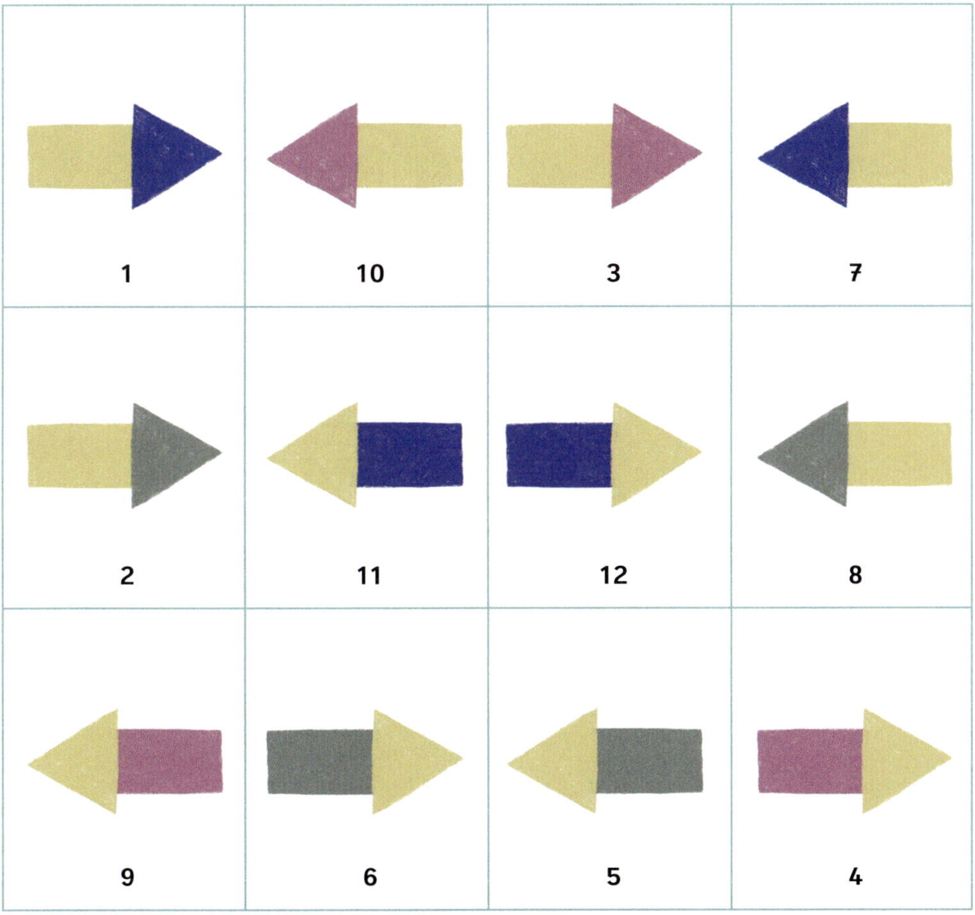

Lauter Tiere

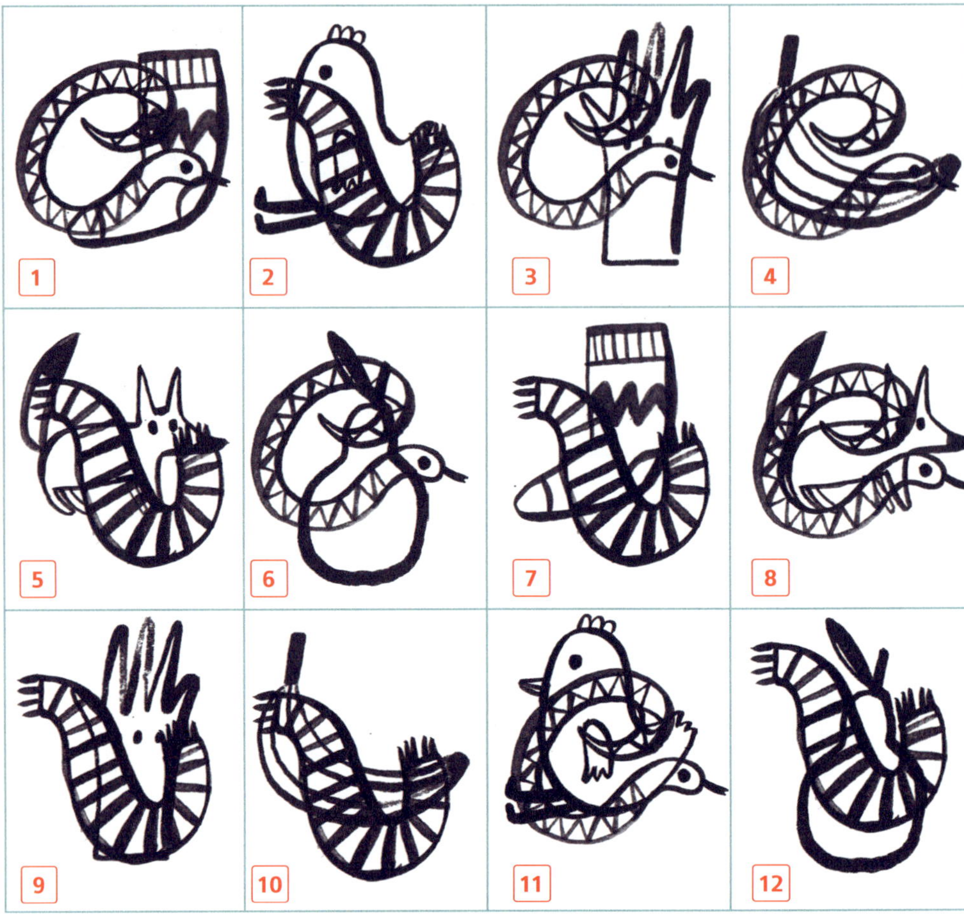

	4	11	2	12	9	7
	10	6	3	5	1	8

Lauter Buchstaben

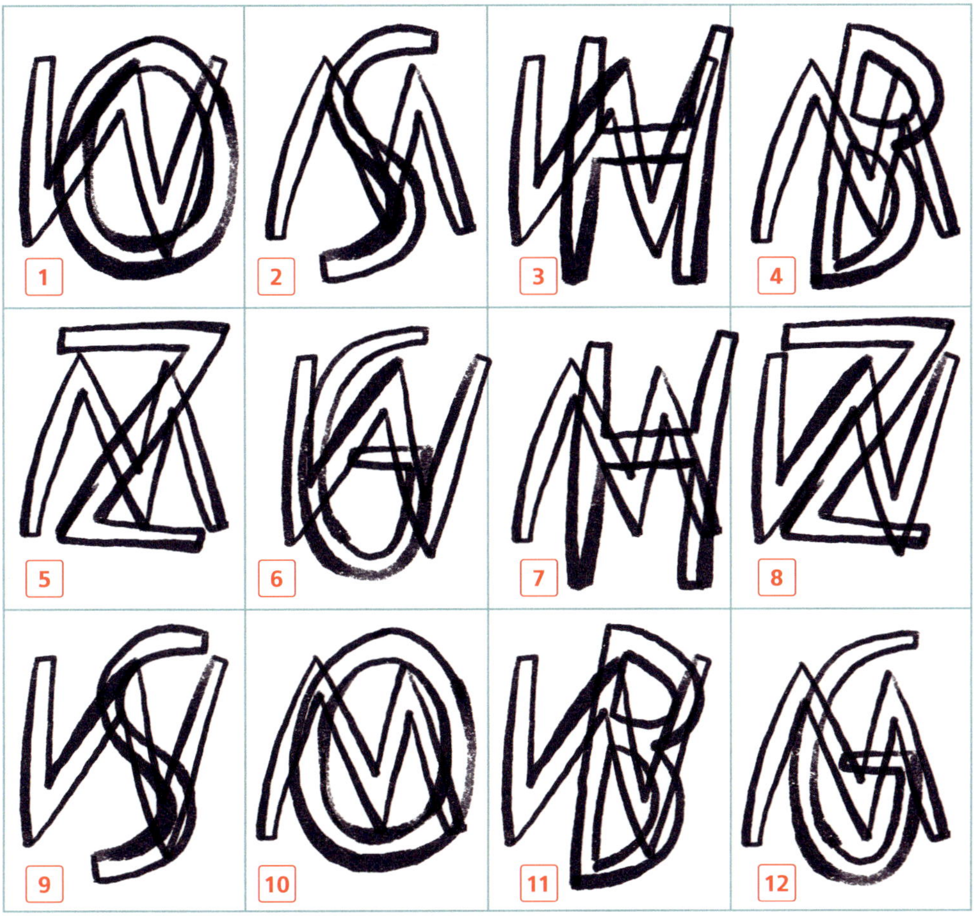

	B	G	S	Z	H	O
W	2	11	8	12	1	10
M	9	5	6	7	3	4

Bildquadrate

Quadratmuster

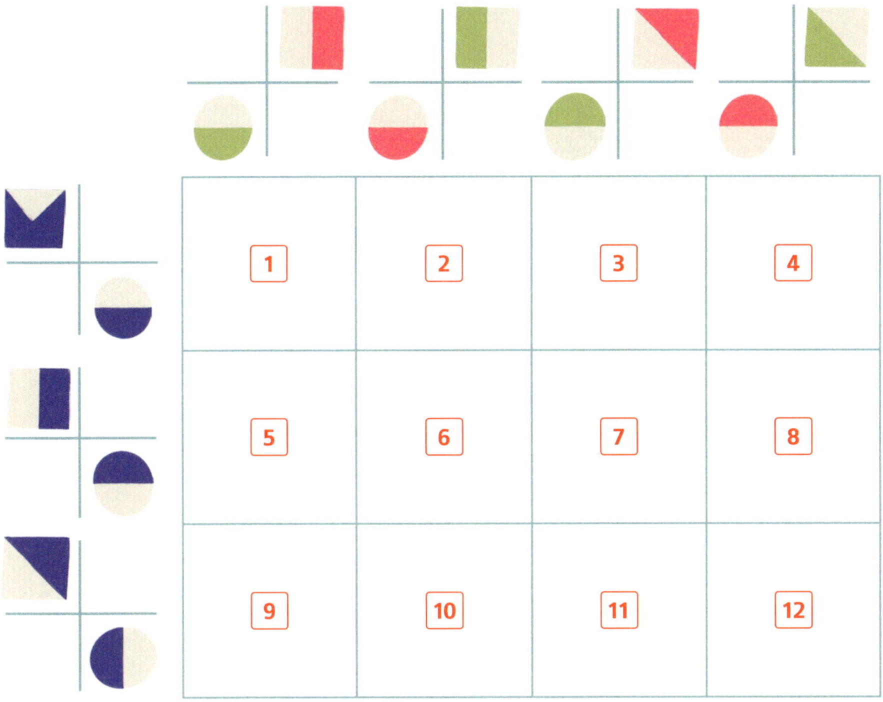

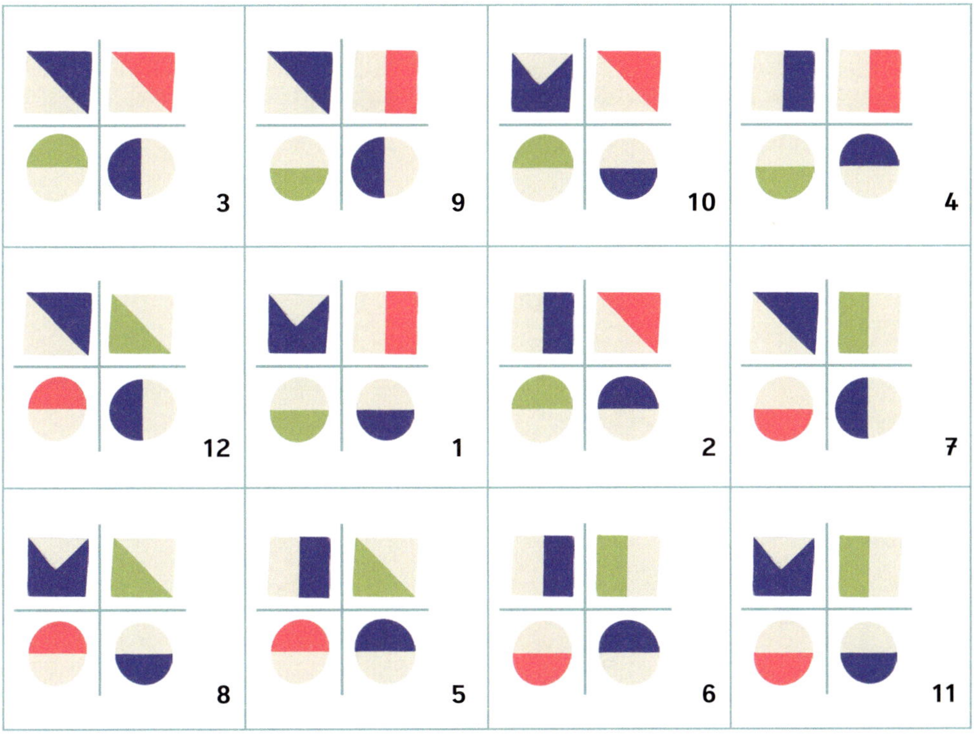

Gefüllte Objekte

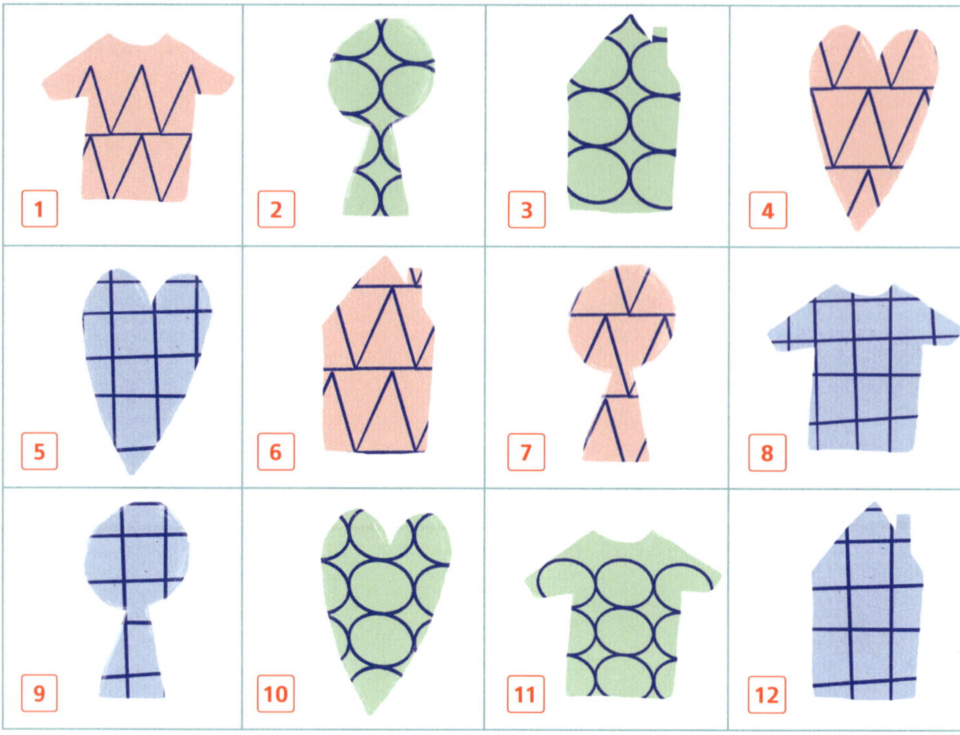

9	12	11	5
3	4	2	1
7	8	10	6

Gefüllte Umrisse

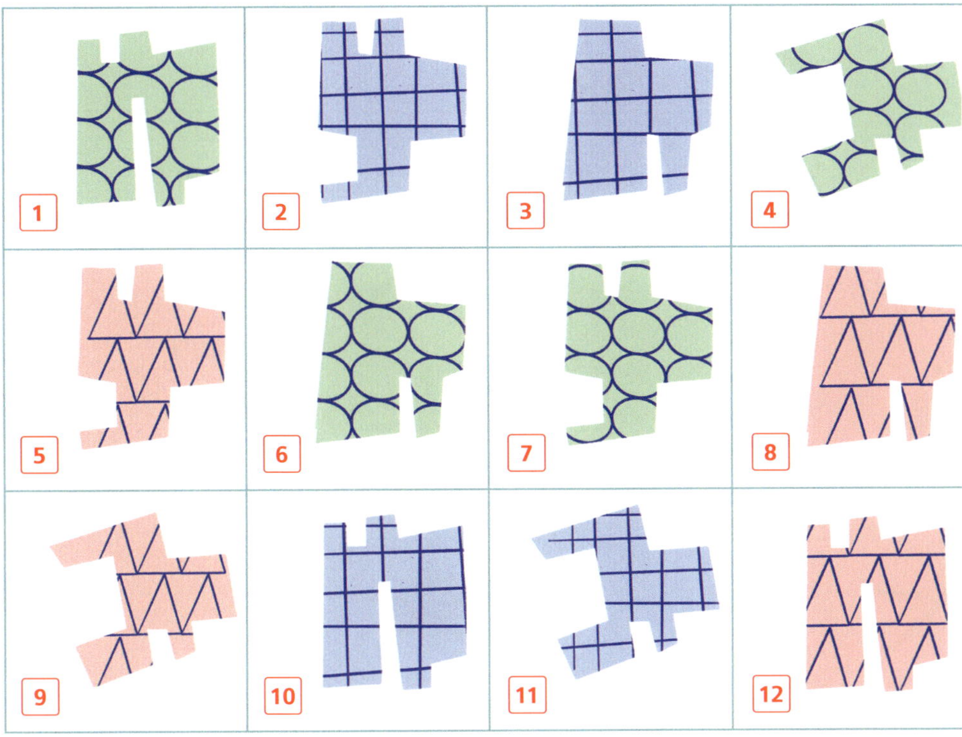

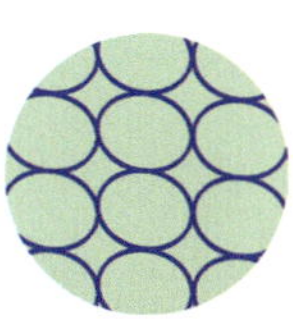	3	6	11	5
	10	9	8	7
	1	12	2	4

Mandalas

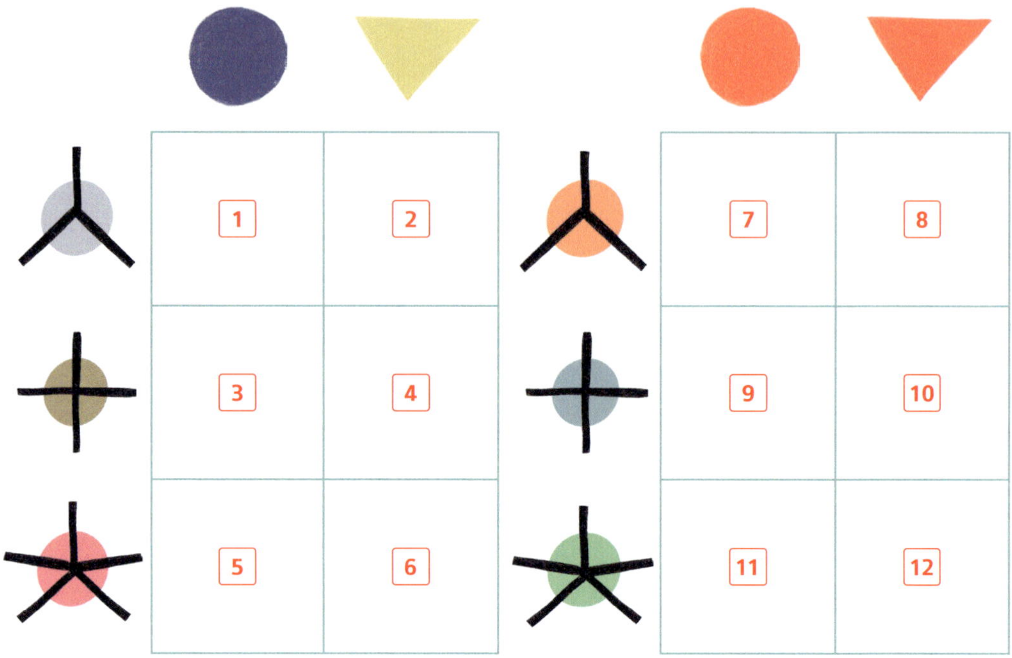

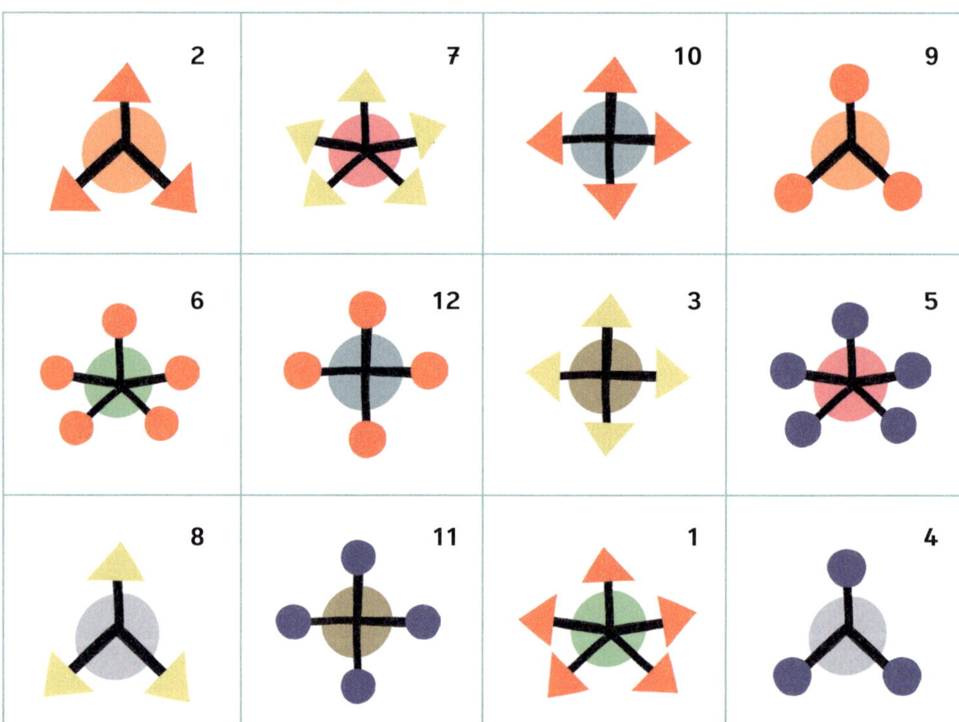

Mehrfache Drehungen

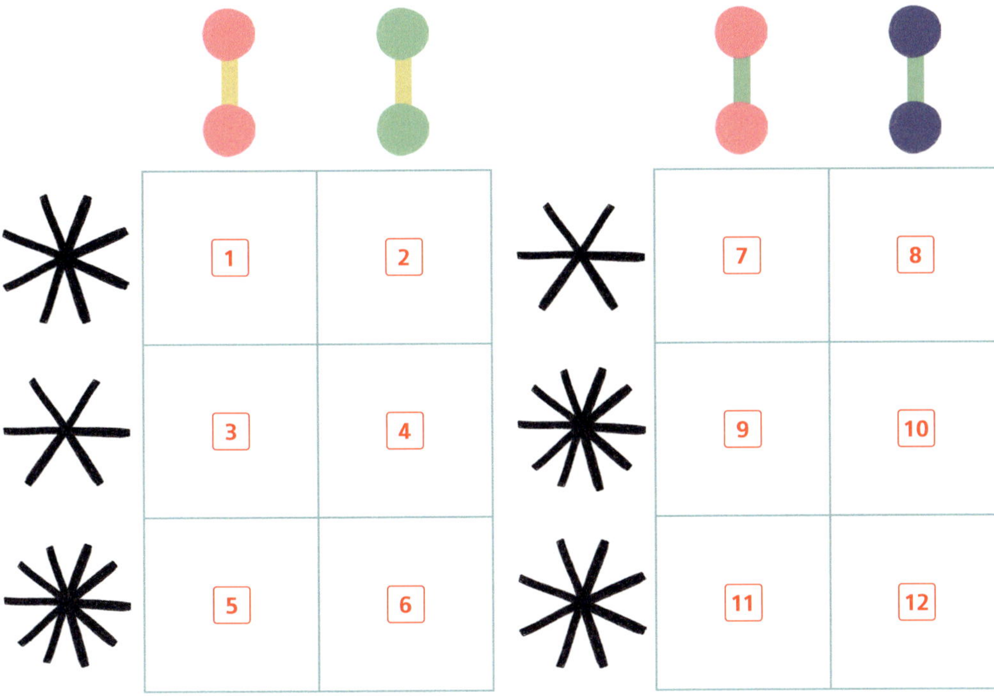

Bilderpuzzles

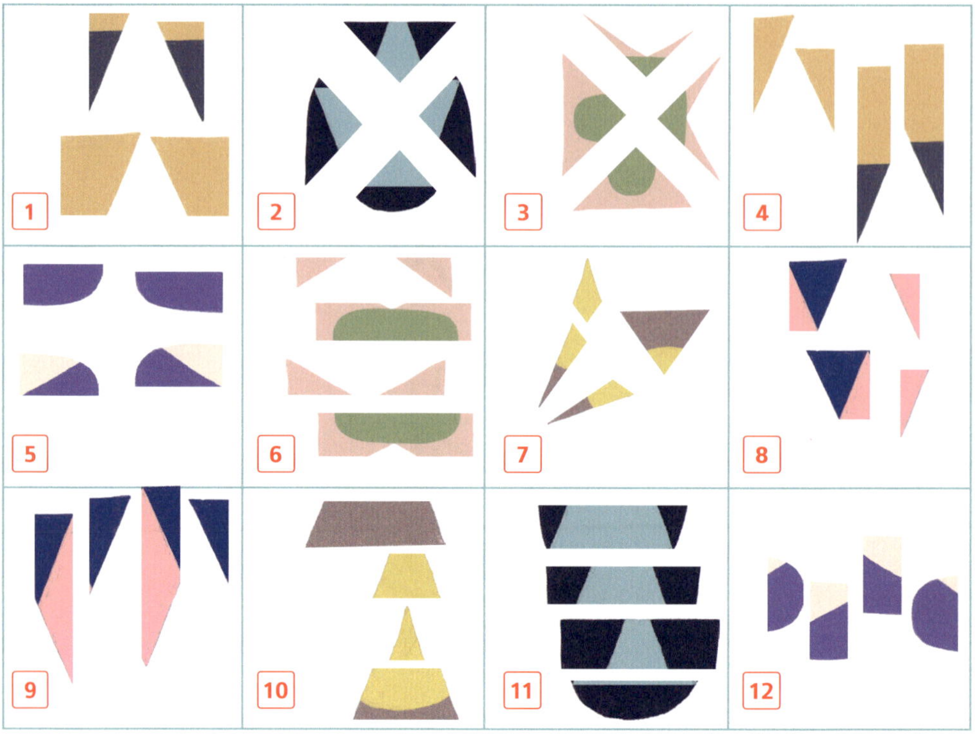

	9	12
	11	10
	1	8

	4	5
	6	3
	7	2

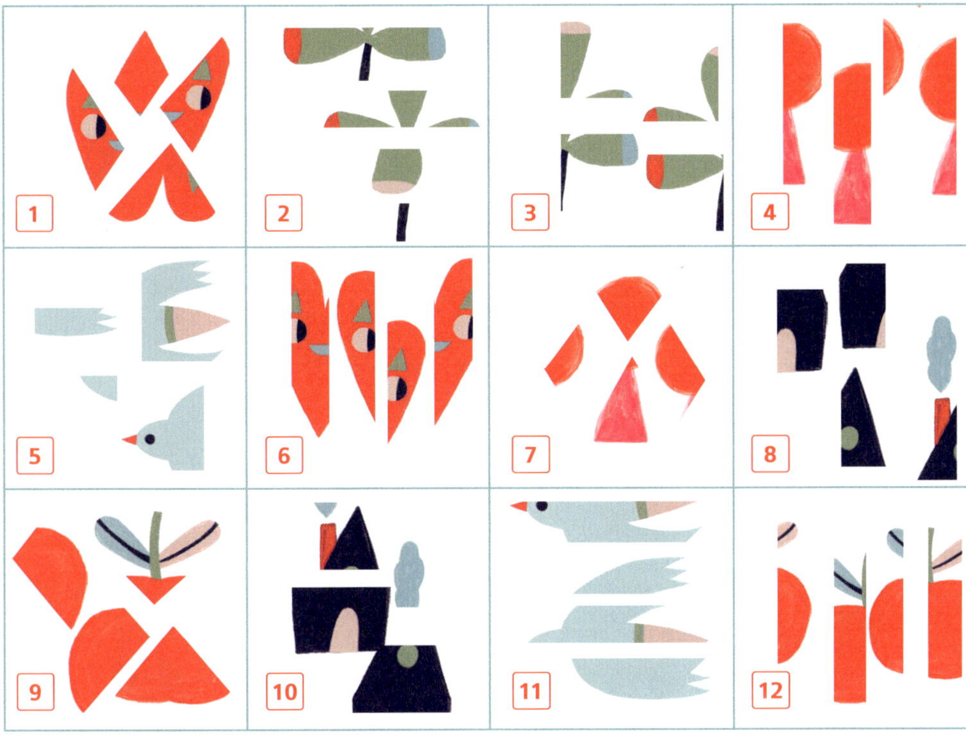

	6	1		2	9
	10	7		4	3
	11	5		12	8

Farbenwechsel

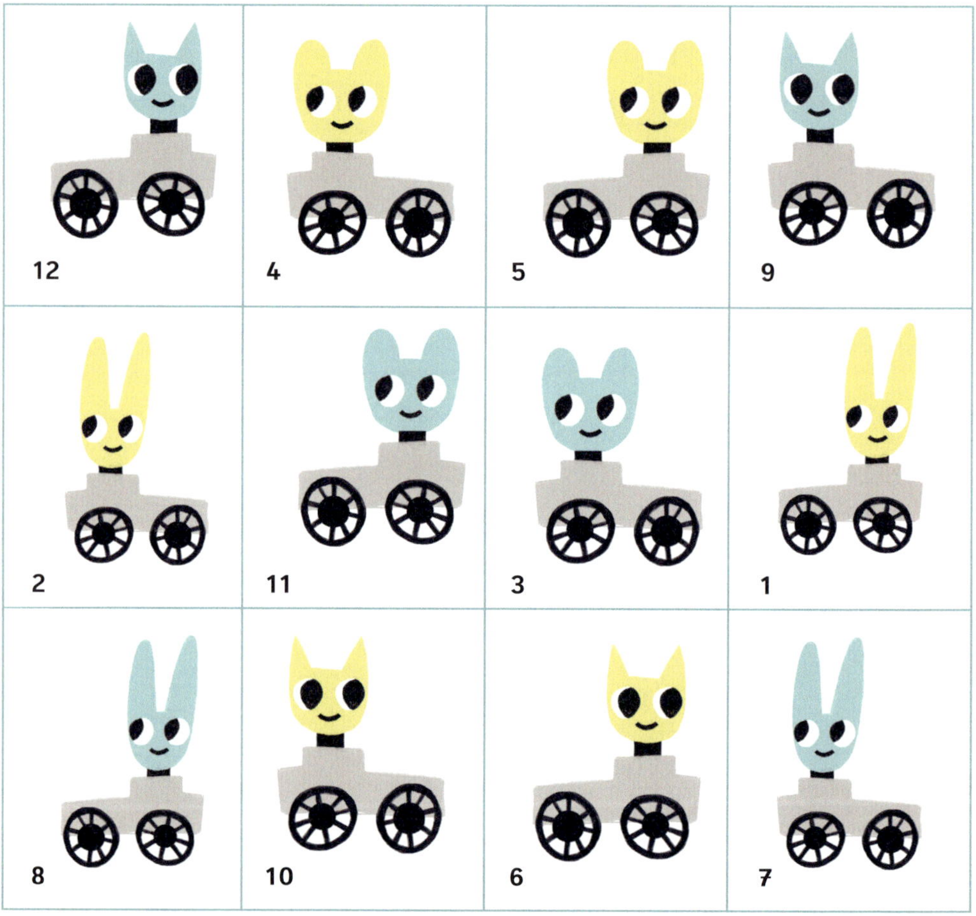

Getauschte Farben

1	2	3	4	5	6
7	8	9	10	11	12

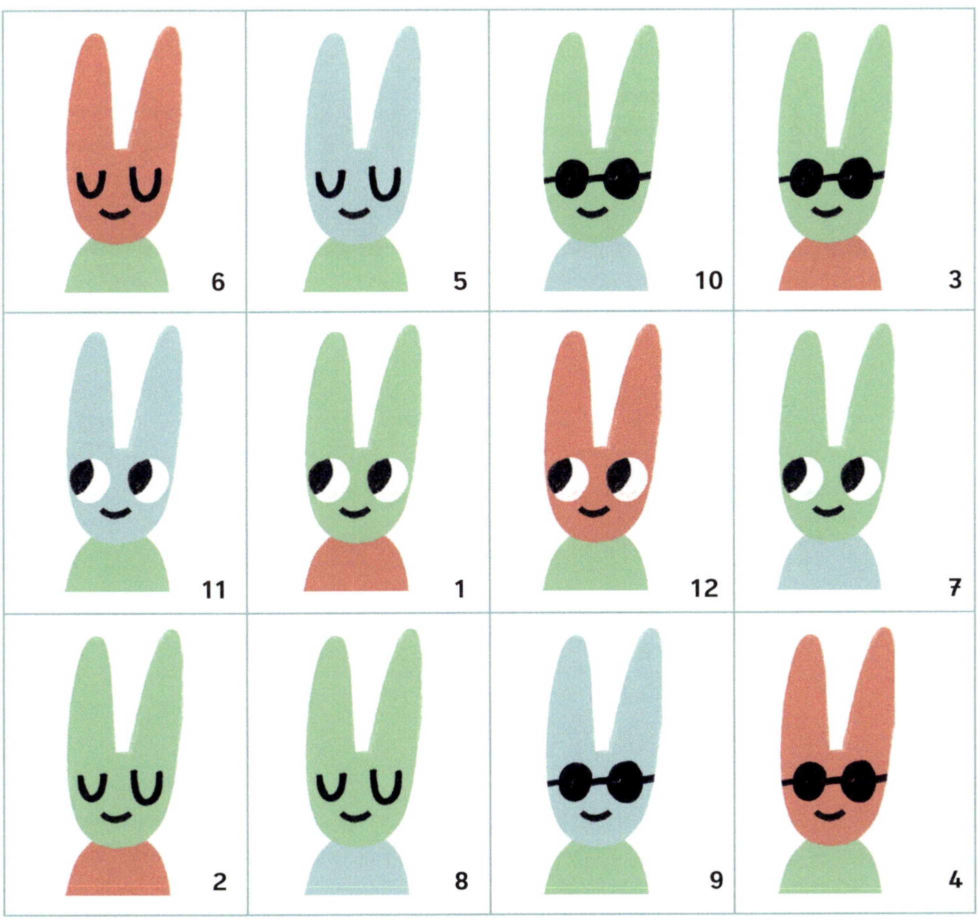

Versteckte Bären

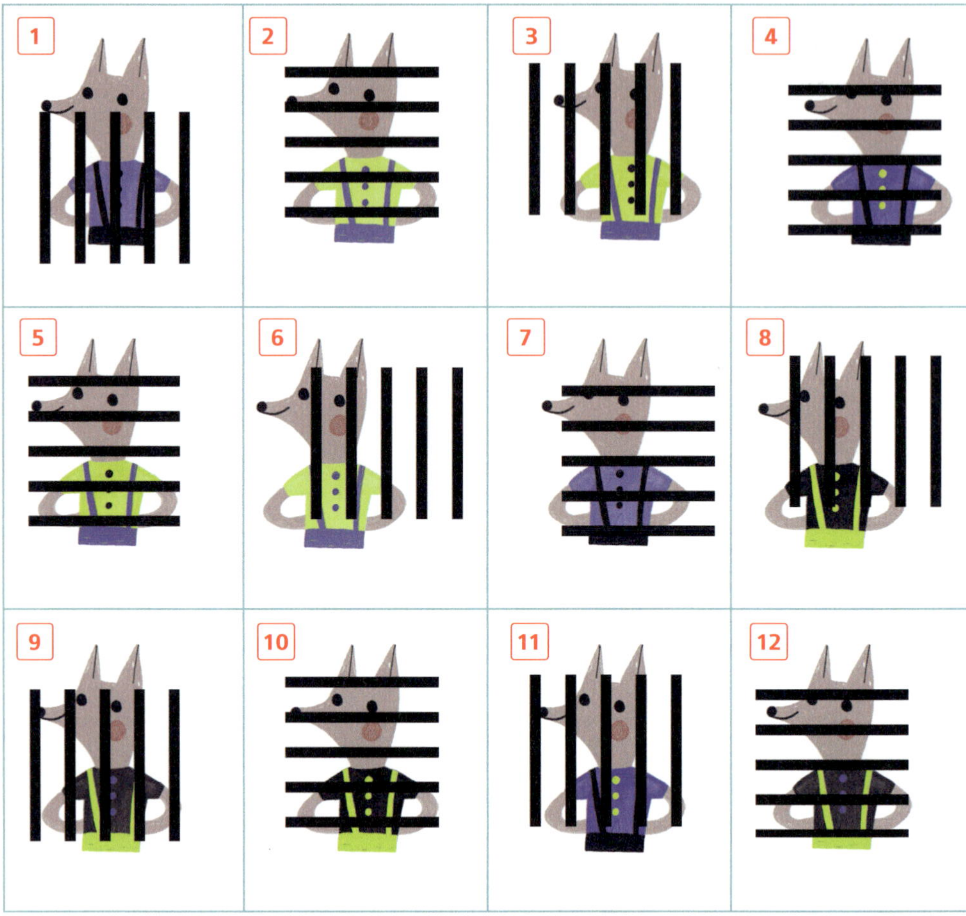

5	6	1	4	9	11
8	10	7	3	2	12

Verdeckte Vasen

	1	8	5	4	2	3
	7	6	11	10	12	9

Lauter Blumen

Auf der Wiese

Gepuzzelte Bilder

8	2	3	11
7	9	1	6
12	4	5	10

Gepuzzelte Wappen

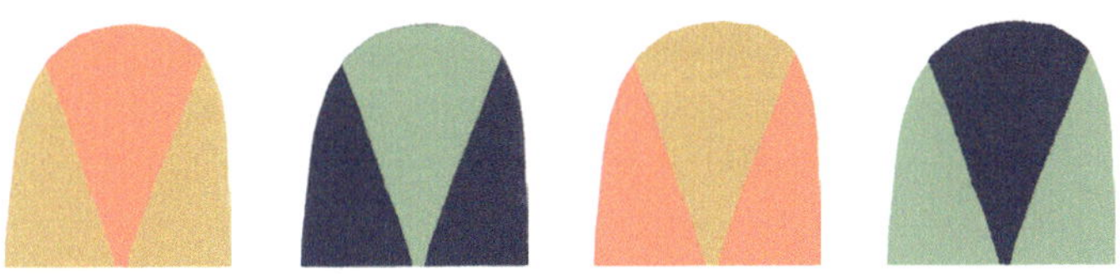

1	9	7	3
4	5	11	8
12	6	2	10

Bunte Stadt

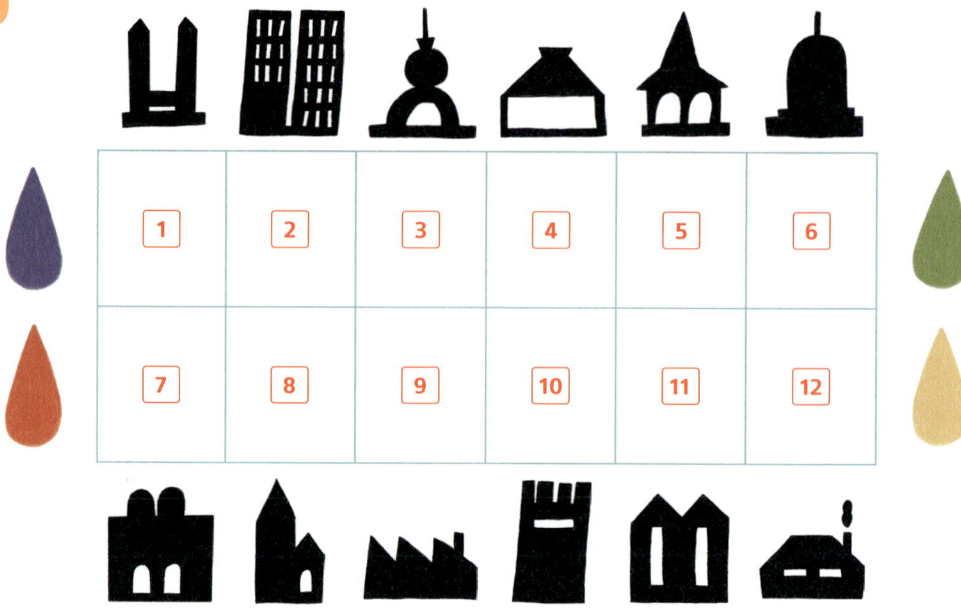

Bunte Formen

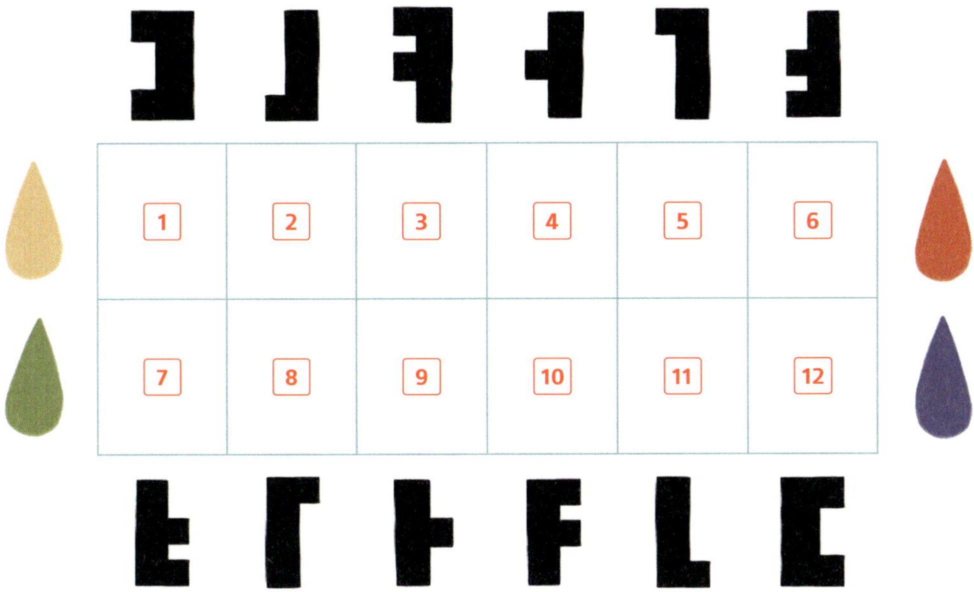

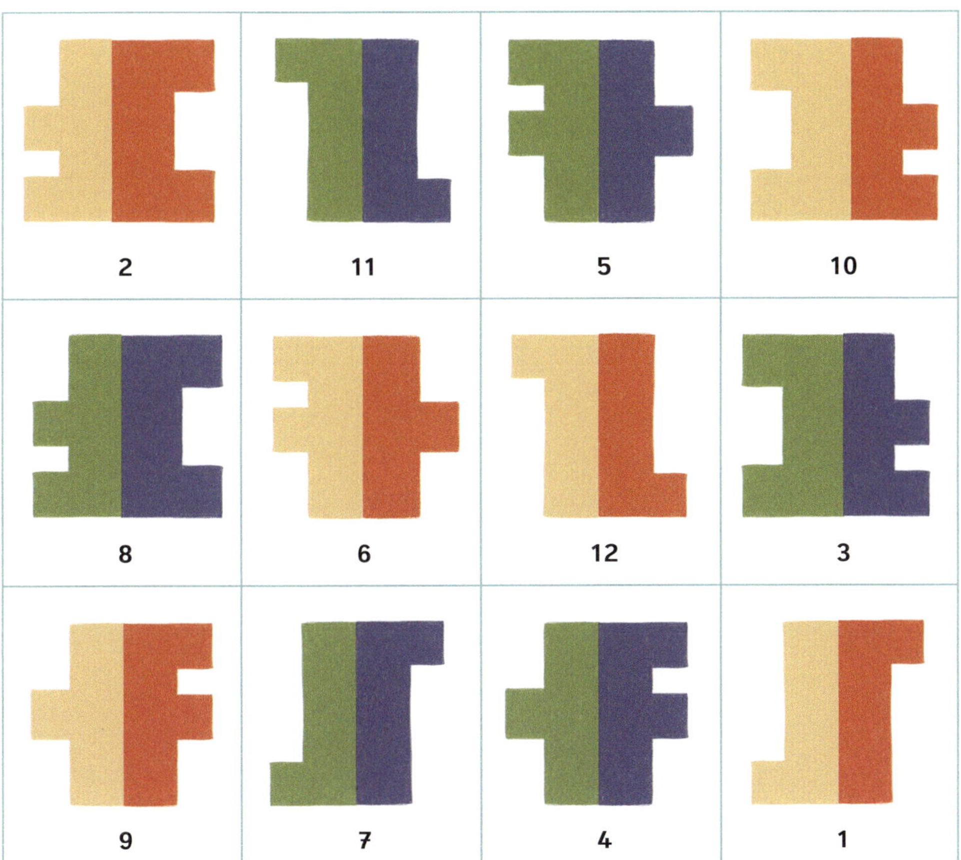

Super gemacht!

Seite	Datum	Unterschrift
2		
3		
4		
5		
6		
7		
8		
9		
10		
11		
12		
13		
14		
15		
16		

Seite	Datum	Unterschrift
17		
18		
19		
20		
21		
22		
23		
24		
25		
26		
27		
28		
29		
30		
31		